Hofbauer

DIE GROSSE WIPPSCHAUKEL

Friedl Hofbauer

Die große Wippschaukel

Reime, Lieder und Gedichte

Mit Illustrationen von
Josef Paleček

Herder
Wien · Freiburg · Basel

Herder & Co., Wien 1985

Umschlaggestaltung: Erich Baumann
(unter Verwendung eines Motivs von Josef Paleček)
Satz und Druck: Herold-Druck Wien
Bestellnummer: ISBN 3-210-24.794-3

Inhalt

Wippschaukel

W i p p s c h a u k e l

Hoch tief
auf und nieder
hoch tief
immer wieder
hoch tief sitzt du oben
hoch tief schon verschoben
hoch tief bist du unten
hoch tief und die bunten
hoch tief Kieselsteine
hoch tief und die kleine
hoch tief Wolke oben
hoch tief sind verschoben
hoch tief immer wieder
hoch tief auf und nieder
hoch tief voller Freude
hoch tief sind wir beide
hoch tief hoch tief
hoch tief
aus.

W e r   k o m m t   d e n n   d a ?

Wer kommt denn da? Wer ist denn das?
Ich bin der Frosch und hupf im Gras
hupf
hupf
hupf

Was die Waschmaschine sagt

Wischiwaschi
wäschewaschen
wischiwaschi wumm.
Oben waschen
unten waschen
rundherum.
Hemden waschen, Hosen waschen,
Tischtuch mit den Rosen waschen,
wischiwaschi
wäschewaschen
wischiwaschi wumm.
Und die vielen Hosentaschen
drehn wir um.
Wischiwaschi
wäschewaschen
wischiwaschi
wäschewaschen
wäschewaschen
wischiwaschi
wumm.

Der Hupfindiehöh

Hupf in die Höh
Hupf in die Höh
hupft nur auf einem Bein
Hupf in die Höh
Hupf in die Höh
und auch auf zwein.

Hupf in die Höh
Hupf in die Höh
schnürt sich die Schuh nicht zu
Hupf in die Höh
Hupf in die Höh
Mama mach's du.

Hupf in die Höh
Hupf in die Höh
wirft das Kakaohäferl um
Hupf in die Höh
Hupf in die Höh
ist das nicht dumm?

Hupf in die Höh
Hupf in die Höh
hupft wie ein Ziegenbock
Hupf in die Höh
Hupf in die Höh
über Stein und Stock.

Hupf in die Höh
Hupf in die Höh
ist noch ein kleiner Wicht
Hupf in die Höh
Hupf in die Höh
Ich mach das nicht.

Dreiradler

Einradlradl
Zweiradlradl
Dreiradlradl drei
fahr'n wir ums
Haus herum
an dir vorbei.

Auf dem Weg
sitzt ein Schneck
Dreiradlradl drei
Schneck im Haus
schnell weich aus
ich muß vorbei.

Einradlradl
Zweiradlradl
Dreiradlradl drei
fahr'n wir ums
Haus herum
an dir vorbei.

Kommt eine Katz
macht einen Satz
Dreiradlradl drei
hupft ein Spatz
weg vom Platz
wir fahr'n vorbei.

Kommt ein Hund
bellt uns an
Dreiradlradl drei
wir schaun ihn
gar nicht an
fahren vorbei.

Einradlradl
Zweiradlradl
Dreiradlradl drei
immer ums
Haus herum
an dir vorbei.

Wenn dann die
Mutter ruft
Dreiradlradl drei
fahr ich noch
schnell dreimal
an ihr vorbei.

Einradlradl
Zweiradlradl
Dreiradlradl drei
immer ums
Haus herum
an ihr vorbei.

Der Kasperl auf der Leiter

Auf der Leiter auf der Leiter
steigt der Kasperl immer weiter
unverdrossen
viele Sprossen
eins zwei drei vier Leitersprossen
noch eine
noch eine
noch eine
noch eine

auf der Leiter auf der Leiter
steigt der Kasperl immer weiter
unverdrossen
viele Sprossen
und dann munter
wieder runter
unverdrossen
viele Sprossen

eins zwei drei vier Leitersprossen
noch eine
noch eine
noch eine
noch eine
aaaaahhh!
Da ist er ja!

Der Zehnzehenzähler

Die Zehen, die Zehen,
die kann man nicht sehen!
Sie sind im Strumpf versteckt,
wie fein!
Und keiner entdeckt,
daß die Zehen
von eins bis zehn
aussehen
wie zehn
kleine bunte Negerlein.

Auf der ersten Zehe klebt grünes Moos,
auf der zweiten goldenes Harz,
die dritte Zehe ist schwarz von Teer,
und die vierte Zehe, bitte sehr,
ist ganz gewöhnlich schwarz.
Die fünfte Zehe ist noch klein,
sie trat ein bißchen in Schmieröl hinein.
In der sechsten Zehe beim Nagel vorn
steckt ein wildgewordener Rosendorn.
Die siebente Zehe, die hat Mut!
Auf ihr sitzt rot ein Tropfen Blut.
Die achte Zehe ist ganz rein
wie ein sauber gewaschenes rosa Schwein.
Die neunte Zehe trägt einen Strich
aus blauer Tinte, der ist für dich.
Die zehnte Zehe ist rund und putzig,
aber wirklich ein bißchen schmutzig.
Jetzt bohrt sie auch noch
durch den Strumpf ein Loch!

Ich glaube, die zehnte, die wasch' ich doch.

Maxi wollte Rollschuh laufen

Maxi wollte Rollschuh laufen,
Maxi ging sich Rollschuh kaufen,
Siebenmeilenrollschuh.

Siebenmeilenrollschuh?
fragte der Verkäufer,
sieben Meilen rollst du,
kleiner Rollschuhläufer,
sieben Meilen in einer Stunde
und einer Sekunde.

Maxi kam vom Rollschuhkaufen,
Maxi wollte Rollschuhlaufen.
Roll zu,
Rollschuh!
Sieben Meilen
kannst du eilen
in einer Stunde
und einer Sekunde.
Roll zu,
Rollschuh!
Linkes Bein,
Achtung!
Ein Stein.
Rechtes Bein,
bieg richtig ein.

Roll zu,
Rollschuh,
gradaus
im Schuß.
Achtung jetzt!

Rechter Fuß!
Linker Fuß
kommt nicht vom Fleck.
Rechter Fuß
ist schon weg!
Roll zu,
Rollschuh!
Sieben Meilen
kannst du eilen
in einer Stunde
und einer Sekunde.

Maxi ach
saß am Po.
Das Geschrei!
Das kam so:
Es war nur einer der zwei
ein Siebenmeilenrollschuh!

Reimemarkt

R e i m e m a r k t

Frischer Spinat! Grüner Kopfsalat!
Majoran! Thymian!
Fische! Ganz frische! Ganz frische Fische!
Birnen und Trauben! Strümpfe und Zipfelhauben!

Wir verkaufen hier alles, was sich reimt!
Wer nicht auf den Reimemarkt geht,
der hat was versäumt!
Hier gibt es:
Butter für die Mutter
einen Kater für den Vater
Rinder für die Kinder
für Otto ein Lotto
für Hans eine Gans
für Therese ein Stück Käse
für Stoffel eine Kartoffel
für Klaus eine Maus
für Susanne eine Kaffeekanne, eine Badewanne
und eine Weihnachtstanne
für Onkel Peter einen Unkrautjäter
für die Ziege eine Stiege
für Tante Emilie eine Lilie mit Petersilie.

Weißt du, daß alles sprechen kann?

Wie sprechen die Steine?
Mit scharfen Splittern,
mit Katzensilberflittern,
mit Kieselrundheit,
mit Kieselbuntheit,
mit Winzigkleinsein,
mit Hosensackschwere,
mit Hart-wie-ein-Stein-Sein,
mit Au-im-Schuh-Drücken
und Müdsein im Rücken
vom Bücken.

Wie sprechen die Blumen?
Eine Blume ruft
mit Duft.
Sie sagt: „Schau!“
Mit Blau.
Mit Grün sagt sie: „Du!“
zur Kuh.

Mit Rot sagt sie: „Find
mich,
Kind!“
Aus grünem Versteck
schreit ein gelber Fleck:
„Ich fehl’ in deinem Strauß,
nimm mich mit nach Haus!“

Wie sprechen die Fische?
Mit ihrem Blitzen
und Spritzen,
mit Aus-dem-Wasser-Hupfen,
mit Schuppen und Tupfen,
mit Flossen und Schwänzen,
mit glitzernden Tänzen,
mit Naßsein und Glattsein,
mit lustigem Sattsein.

Stefanie Weißnichtwie

Stefanie Weißnichtwie
hat Geburtstag heute
Stefanie Weißnichtwie
kommen viele Leute
Stefanie Weißnichtwie
möchte gern was kochen
Stefanie Weißnichtwie
kocht seit sieben Wochen
Stefanie Weißnichtwie
brät eine große Gans
Stefanie Weißnichtwie
brät sie mit dem Schwanz
Stefanie Weißnichtwie
will auf Urlaub reisen
Stefanie Weißnichtwie
holt ihr Bügeleisen
Stefanie Weißnichtwie
nimmt es in die Hand
Stefanie Weißnichtwie
hat ihr Kleid verbrannt

Stefanie Weißnichtwie
möchte Blumen pflücken
Stefanie Weißnichtwie
will sich doch nicht bücken
Stefanie Weißnichtwie
fährt so gerne Boot,
kannst nicht schwimmen, Stefanie,
kommst in große Not.

Reimen

Spatzen
reimen sich auf
Katzen
reimen sich auf
Tatzen
reimen sich auf
kratzen

Sonne
reimt sich auf
Regentonne
reimt sich auf
Badewonne
und Wanne
reimt sich auf Tanne

Liederblasen
reimt sich auf
Fliedernasen
wenn's die auch gar nicht gibt
sind sie doch sehr beliebt

Manche Tanten
reimen sich auf
Elefanten
manche Väter
reimen sich auf
später
aber jeder
reimt sich auf Fledermaus

Und wer jetzt weiter reimen will
für den ist das Gedicht noch lang nicht aus

W i r

Wir kaufen,
wir laufen,
wir können kaum mehr schnaufen,
wir raufen,
wir saufen,
wir stehn unter Tröpfeltraufen,
wir binden Schuh' mit Schlaufen,
wir schmeißen Müll auf Haufen,
wir spielen,
wir zielen,
wir schrubben unsre Dielen,
wir essen Eis auf Stielen,

wir träumen,
wir räumen,
wir sitzen auf den Bäumen,
wir sehn das Wasser schäumen,
die Sonne, die Sonne,
liegt in der Regentonne,
wir lachen und machen
uns lauter bunte Drachen,
wir waschen alte Flaschen,
wir stopfen, was wir haschen,
in große und kleine Taschen.

Wir weinen,
wir greinen,
wir sehn die Sterne scheinen,
die großen und die kleinen,
wir werfen nicht mit Steinen,

wir gehn mit flinken Beinen
und spannen Wäscheleinen.

Wir wollen Badehosen
und Sonnenschein verlosen,
da duften alle Rosen,
die kleinen und die großen.

Backe backe Sand

Backe backe Sand.
Füll den Eimer an
bis zum Rand,
stülp ihn um,
bumm:

Brauner Kuchen
Zuckerrand
Schwarzsand
Weißsand

Mandeln aus Stein:
der Kuchen
ist mein.

F l o h m a r k t

Am Flohmarkt gibt's keine Flöhe zu kaufen,
aber ganz wunderbare Sachen:
alte Schuhe, Knöpfe und Töpfe
und zwei Bären, die Bücher bewachen.
Da gibt's alte Platten neben den Socken,
einen Kamm ohne Zähne und Wickler für Locken.
Da gibt es ein Messer, das nicht mehr schneidet,
ein altes Sparschwein, das Hunger leidet,
fünf Dosendeckel ohne Dosen,
ein Sträußchen rosa Seidenrosen,
eine grünglasierte Schüssel,
Elefanten ohne Rüssel,
ein altes Dreirad ohne Räder
und einen Hut mit Geierfeder.

Sieben alte Zauberbärte
steh'n in einem blauen Glas,
eine abgebrochene Gerte,
eine Schere für das Gras . . .
Wer braucht alte Suppennudeln?
Wer den Besen ohne Haar?
Wer den Polster mit drei Pudeln?
Irgendwer – das ist doch klar!

Mit dem Geld, das wir da kriegen,
kaufen wir für Kinder ein:
Holzbaukasten, Puppenwiegen
und ein dickes rosa Schwein.
Und der Hahn im Kindergarten,
nämlich unser Wasserhahn,
soll ein neues Becken kriegen.

Der Wecker

Der Wecker heißt Wecker,
weil er weckt,
der Stecker heißt Stecker,
weil er steckt.
Heißt die Katze Katze,
weil sie kratzt?
Der Platz heißt Platz,
auch wenn er nicht zerplatzt.
Die Speise speist nicht,
die Reise reist nicht,
der Wasserfall fällt,
aber ein Hund, der bellt,
heißt nicht Bell –
ach, all das sich merken,
das geht nicht so schnell.

Wenn ein Fehler fehlt,
ist das gut oder schlecht?
Wenn der Herr einen Knecht hat,
heißt der Knecht dann
Herr Knecht?
Ein Dichter dichtet,
ein Bauer baut,
ein Schuster schustert,
ein Hauer haut,
Ameisen wimmeln,
Meisen klopfen,
der Zaunkönig hüpft,
und am Zaun wächst der Hopfen,
in den Bergen verborgen quillt ein Quell –
ach, all das sich merken,
das geht nicht so schnell . . .

Der Riese auf der Wiese

Es war einmal ein Riese,
der saß auf einer Wiese
und wackelt' mit dem großen Zeh.
Da kam ein kleiner Schmetterling,
ein Schmetterling, ein Schmetterling,
der war so weiß wie Schnee.

Der große Riese saß ganz still
und wackelte kein bißchen mehr
mit seinem großen Zeh
und flüsterte nur froh,
nicht lauter als ein Floh:
Ein Schmetterling, ein Schmetterling
ist in der Näh'.

Da flog der weiße Schmetterling
dem Riesen auf den Zeh.
Dort saß er eine Weile.
Er hatte keine Eile
und wippte mit den Flügeln leis.
Dann flog er wieder fort.

Der Riese sitzt noch immer dort
und wackelt mit dem Zeh
und wartet, daß er wiederkommt,
der Schmetterling, der Schmetterling,
der Schmetterling, Schmetterling . . .

M ü c k e n r e i t e r

Wir reiten wir reiten
auf einer kleinen Mücke
wir reiten wir reiten
auf einem Elefanten.
Mücke Mücke
E-le-fant
Mücke Mücke
E-le-fant
wir reiten wir reiten
auf einem Elefanten,
der nimmt uns mit dem Rüssel
und schaukelt uns ein bissel

hin und her
hin und her
plumps!

Die Worte-Torte

Es gibt so viele Worte,
eins davon ist Torte.
Wie viele Worte
stecken in der Torte?

Mehl und Butter, Milch und Ei,
Salz und Zucker sind dabei,
Marmelade, Schokolade,
Zuckerguß und Apfelmus.
Mandeln muß man hacken.
Wer wird die Torte backen?

Du und ich und ich und du,
Backrohr auf und Backrohr zu.
So viele Worte
stecken in der Torte.

Wenn die Torte fertig ist,
werden wir sie essen.
Du ein Stück und ich ein Stück,
Maxi nicht vergessen.
Wem geben wir das nächste Stück?
Das kriegt der kleinste Mück.

Kleinster Mück muß tanzen
mit dem großen Tortenstück,
tu's in deinen Ranzen,
flieg damit nach Haus,
teil die Torte aus!

Es gibt so viele Worte,
eins davon ist Torte.
Wem geben wir das nächste Stück?
Das kriegt der große Löwe.
Löwe, du mußt tanzen
mit dem großen Tortenstück,
tu's in deinen Ranzen,
lauf damit nach Haus,
teil die Worte-Torte aus!

Es gibt so viele Worte,
eins davon ist Torte.
Wem geben wir das nächste Stück?

(Das kriegt: Autobus, Flugzeug, Regenwurm, Kaktus, Sauerkraut, Teller, Rose, Nachtgespenst, Eiskasten, Kasperl, Leberblümchen, Bügeleisen, Lesebuch usf.)

Zwölf Gäste

Zwölf Gäste

Es klopft zwölfmal. Wer kann das sein?
Wer steckt den Kopf zur Tür herein?

Ein Schneemann! Der Jänner. Er ist dick und gut,
hat Kohlen am Buckel und Spatzen am Hut.

Der Kasperl Feber erscheint in Schlapfen.
Er schüttelt die Schellen und ißt so gern Krapfen.

Auf Sonnenstrahlen rutscht der März
und drückt ein Büschel Veilchen ans Herz.

April kommt nie ohne Taschentuch
und ohne Schnupfen zu Besuch.

In grünen Schuh'n springt der Mai herbei
mit all seinen Kätzchen aufs sonnigste Plätzchen.

Der Juni schreit: Ich fahr ins Heu!
Und nachher eß ich Knödel für drei!

Der Juli zählt sein Reisegeld
und fährt im Waschtrog um die Welt.

August durchwandert die Sommerhitze.
Aus seinem Rucksack blitzen Blitze.

September läßt die Drachen steigen
und zupft die Blätter von den Zweigen.

Oktober kocht die Trauben zur Reife.
Mitunter raucht er die Nebelpfeife.

November kriecht in den Ofen hinein.
Ui, muß der schwarz geworden sein!

Mit Sternen erscheint der Dezember dann
und zündet uns alle Kerzen an.

Ein kleines Kind spricht

Liebe Mutter, ich bin so froh,
daß ich dich hab', daß ich dich hab'.
Ich hoffe, es geht dir auch so.

Zum Muttertag

Liebe Mutter, in diesem Sack
sind viele Grüße zum Muttertag.
Auch Blumen habe ich dir gebracht.
Das Bild da hab ich selbst gemacht.
Und alles zusammen soll dir sagen:
Ich hab dich lieb –
auch an allen anderen Tagen.

Ich bin klein

Ich bin klein,
mein Strauß ist groß,
nimm mich schnell
auf deinen Schoß!

Was träumt ein blühender Apfelbaum?

Was träumt ein blühender Apfelbaum?
Jeder Apfelbaum träumt seinen Apfeltraum.
Jeder Baum träumt das Obst, das er tragen wird.
Es gibt keinen Baum, der sich da irrt.

Frühling

Wo kommt das viele Wasser her?
Das kommt vom geschmolzenen Schnee.
Der kleinste Bach fließt ins große Meer.
Es rauscht und gluckst und springt daher.
Der kleinste Bach fließt ins große Meer.
Wie schnell er fließt!
Warum?
Weil Frühling ist!

Die Runculaceen

Die Runculaceen
sind dicke Feen.
Man kann sie nur
zu Pfingsten sehn.
In roten und weißen
geplusterten Kleidern
sitzen sie in den Gärten
und sagen nicht, wie sie heißen.

Manche Leute glauben aus Versehen,
daß die Runculaceen nicht Feen,
sondern bloß Blumen sind.

Dabei weiß jedes Kind:
Ein Pfingstrosenbusch
husch
blüht kaum einen Tag und
hastdunichtgesehn
zerstieben die dicken Blumen im Wind –
verschwinden –
man kann sie nicht wiederfinden,
genau wie Feen –

Wer darf da sagen,
daß die Runculaceen
nicht wirkliche Feen
sind?

Die grüne Hand

Ich pflück' mir eine grüne Hand
vom Kastanienbaum
und wandre durch das Land.

Die Hand hat grüne Finger:
einen dicken grünen Daumen,
einen grünen Finger zum Zeigen,
einen in der Mitte,
das ist der dritte,
einen Ringfinger,
einen Winkfinger.

Ich ziehe weiter durch das Land
und winke mit der grünen Hand
der Katze und dem Bauernkind,
der Wiese und dem Löwenzahn,
dem Autobus, der Eisenbahn,
der Sonne und dem Wind.

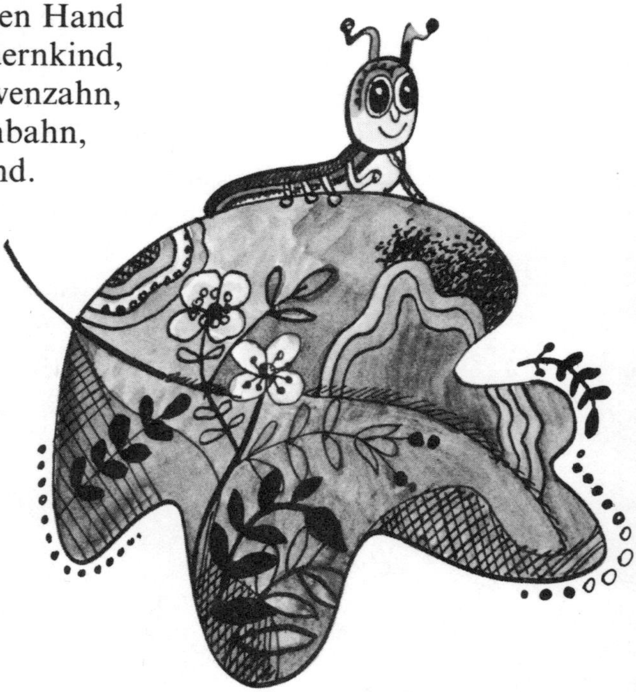

Was ist eine Wiese?

Was ist eine Wiese?
Futter für die Kuh.
Und noch was dazu.
Gras und Blumen. Schmetterlingsflügel.
Bienensummen.
Ameisgekrabbel.
Käfergezappel.
Achtung, Maulwurfshügel!
Margeriten.
Rote Federnelken vor dem blauen Himmel.
Heupferd übt den Weitsprung bis zum Kümmel.
Ein Kamillenbusch öffnet zwei Blüten.
Sommerfliegen flitzen
über Storchschnabelmützen.
Hummeln brummeln im Honighaus
ein und aus,
Glockenblumen bammeln und bummeln.
Unten am Löwenzahn geigt
eine Grillenschnarre. Der Wind
spielt mit den Halmen Harfe
oder Gitarre,
alles regt sich und bewegt sich,
alles, was da lebt und schwebt,
leuchtet, knistert, flüstert, brummelt, bummelt –
Was ist eine Wiese?
– Das ist eine Wiese.

Kleines Gartenfest

Der Apfelbaum im Garten ist alt.
Das Gras darunter heißt Heupferdchenwald.
Im Schatten ist's kühl, in der Sonne ist's heiß.
Streichst du den Gartenzaun grün oder weiß?
Schau, wie der Schusterkäfer rennt!
Die Blumen leuchten. Die Sonne brennt.
Vielleicht kommt ein Schmetterling uns besuchen
Eine Biene sitzt schon auf meinem Kuchen.
Der Rasenmäher surrt nebenan.
Stell bitte den Rasenmäher ab,
damit man das Gras wachsen hören kann.

Das Blumenjahr

Noch im Eis,
grün und weiß,
schlank im Röckchen,
Schneeglöckchen.
Blauer Himmel,
gelbe Primel,
wart ein Weilchen,
bald gibt's Veilchen.
Dann im Mai
Maiglöckchen
drin im Wald
und – wie heißt er? –
Waldmeister.

Was kommt dann?

Löwenzahn,
Margerite, Akelei,
Glockenblumen,
Thymian.
Steinnelken sind dabei,
und im Korn
Rittersporn.
Kornblume,
Klatschmohn,
schwer zu pflücken,
und der Schnitt
nimmt sie mit,
und am Zaun nicken
Zaunwicken.

Tief im Wald
feine Damen:
die Zyklamen.
Bunte Wälder,
Stoppelfelder,
Hagebutten statt der Rosen,
Herbstzeitlosen.

Leere Zweige.
Nebel fällt
auf die Welt,
und der Frost
nimmt die Geige.
Sieh,
da blühn die leeren Zweige
auf von Reif
ganz weiß.
Nur das Gras
friert noch arm.

Doch der Himmel,
dick von Schnee,
macht der kalten Erde
warm,
keinem Strauch und keinem Halm
tut mehr eine Wurzel weh.
Da im Schnee
rührt sich was,
dort im Moose.
Wer ist das?
Die Schneerose!

Gänseblümchen und Sonnenblume

Wenn das Gänseblümchen
hoch zur Sonnenblume schaut
denkt es:
Nein –
wie die sich wachsen traut!

Die Kuh im Nebel

Auf der Weide steht eine Kuh.
Sie steht im Nebel
und brüllt ganz laut muh.
Das Muh kommt aus dem Maul hervor
und wandert bis zu unserm Ohr.
Aber auf dieser Reise,
da wird das Muh ganz leise.
Warum?
Der Nebel hat das laute Muh geschluckt
und hat es leise wieder ausgespuckt.

Eine Kuh macht muh,
zwei Kühe machen Mühe.

Der Wind hat Wolken hergeblasen

Der Wind hat Wolken hergeblasen.
Jetzt gibt es Regen und rote Nasen.
Der Himmel ist grau,
das Pflaster ist grau,
der bunte Herbst ist verschwunden.
Wirklich?
Guckt doch genau!
Dann seht ihr viele Farben
noch stärker leuchten
im nassen Grau!

Es regnet

Schau doch wie die Regenmännchen
in den Pfützen tanzen –
in den Pfützen in den Pfützen
mit den spitzen Zipfelmützen
schau doch wie die Regenmännchen
in den Pfützen tanzen –
in den Pfützen in den Pfützen
mit den spitzen Zipfelmützen
schau doch wie die Regenmännchen
in den Pfützen tanzen
in den Pfützen in den Pfützen
mit den spitzen Zipfelmützen
schau doch wie die Regenmännchen
in den Pfützen tanzen . . .

Zwetschkenkrampus

Rosinenaugen und Hörndln aus Mandeln,
brennrotes Röckchen aus Kreppapierbandeln,
dürre Zwetschken
vom Kopf bis zu den Füßen,
Schuhe aus Aschantinüssen –
so steht er und streckt die Zunge heraus
und glaubt, er schaut zum Fürchten aus.
Hi hi!

Vor Weihnachten

Für die hungrigen Spatzen
haben wir Futter gestreut.
Jetzt ist es draußen dunkel.
Im warmen Rauchfang hocken
die Spatzen satt und schlafen.

Im Straßenlaternengefunkel
fällt Schnee in großen Flocken.
Er schenkt uns Fensterpölster,
dem Spatzenrauchfang ein Mützchen
und den Autos lautlose Räder.

Und für den alten Christbaum-
engel vom vorigen Jahr
flechten wir neu einen Wollzopf.
Schneid einen silbernen Stern,
den stecken wir ihm ins Haar!

Knecht Ruprecht

Knecht Ruprecht wandert durch die Welt,
in seinem Sack ist nicht viel Geld.
In seinem Sack sind nur Sterne –
Sterne aus Mandeln und Zimt –
die bringt er uns bestimmt.
In seinem Sack sitzt ein Kätzchen
mit weißgefrorenen Tätzchen,
in seinem Sack sitzt ein Hündlein
mit hungrig offenem Mündlein.
In seinem Sack sitzt ein Kindchen,
das kaut an trockenen Rindchen.
Wir wollen das Kätzchen wärmen,
dann muß es sich nicht mehr härmen,
dem Hündchen geben wir Futter,
wir streichen dem Kindchen aufs Rindchen
Marmelade und Butter.
Knecht Ruprecht wandert durch die Welt,
in seinem Sack ist nicht viel Geld.
In seinem Sack sind nur Sterne –
Sterne aus Mandeln und Zimt –
die bringt er uns bestimmt.

Schneezauber

Heute nacht ist Schnee gefallen,
alle Dächer und alle Bäume sind weiß.
Die ganze Straße ist weiß und leis
und sogar die Autotüren
können heut nur leise knallen.

Neujahrswünsche

Das alte Jahr geht nun zu Ende,
das neue tritt zur Tür herein
und reicht uns seine vielen Hände
(dreihundertfünfundsechzig Hände)
und sagt beim ersten Glockenschlag:
„Wollen wir nicht jeden Tag
Freunde sein?“

Es stand ein weißer Mann im Schnee

Es stand ein weißer Mann im Schnee
mit einer roten Nase.
Die Sonne ist gekommen
und hat ihn mitgenommen.
Jetzt liegen ein Topf,
eine Rübe,
ein Besen
im grünen Gras.
Wie kommt denn das?
Und wer ist der weiße Mann
gewesen?

Lied der Eiszapfen

Eis
zapfen
zapfen
zapfen
Eis
Zapfen
Zapfen
Eis
Zapfen
Zapfen

klink –

Tropfen
Tropfen
Tropfen
Eis

Tropfen
Tropfen
Eis
Tropfen
Tropfen
Eis

ping –

Zapfen
Zapfen
Zapfen
Eis
Zapfen
Zapfen
Eis
Zapfen
Zapfen
Eis

spring

Eis
zapfen
tropfen
Eis
zapfen
tropfen
Eis
zapfen
tropfen
tropfen
tropfen
Tropfen

blink . . .

Der Wolkenkuckuck

Einmal werden alle Leute ...

Einmal werden alle Leute Gedichte machen
und manchmal auf den Wolken spazierengehen.
Sie fahren in Wolkenbooten
und reiten auf freundlichen Drachen –
und das wird schön.

Einmal lernen alle traurigen Leute lachen,
und alle Kinder haben Schuhe,
und keines friert an den Zehen –
und einmal wird nirgendwo auf der Welt
auch nur eine einzige Bombe krachen –
und das wird schön.

Doch bis dahin ist noch so viel zu machen,
nicht nur Gedichte. Auch Brot ist zu backen,
und jeder muß lernen, den andern zu verstehn –
Wir müssen noch viele Fragen
und Rätsel und Nüsse knacken –
und das ist auch schön.

Der Wolkenkuckuck

Der Wolkenkuckuck sitzt im Baum
und träumt den Wolkenkuckuckstraum.

Wolkenkuckuck, was träumst du denn?
Wolkenkuckuck, was siehst du denn?

Ich seh ein Krokodil.

Krokodil was machst du?
Weinst du oder lachst du?

Ich lache nicht, ich weine nicht,
ich putze meine Schuh.

Krokodil, reih dich an,
an den Wolkenkuckuck dran,
daß er weiter träumen kann.

Der Wolkenkuckuck sitzt im Baum
und träumt den Wolkenkuckuckstraum.

Wolkenkuckuck, was träumst du denn?
Wolkenkuckuck, was siehst du denn?

Ich sehe einen Dackel!

Dackel, was machst du?
Weinst du oder lachst du?

Ich lache nicht, ich weine nicht,
ich wackle mit dem Schwanz.

Dackel, reih dich hinten an,
an den Wolkenkuckuck dran,
daß er weiterträumen kann!

Der Wolkenkuckuck sitzt im Baum
und träumt den Wolkenkuckuckstraum.

Wolkenkuckuck, was träumst du denn?
Wolkenkuckuck, was siehst du denn?

Ich sehe einen Frosch.

Frosch, Frosch, was machst du?
weinst du oder lachst du?

Ich weine nicht, ich lache nicht,
ich fange Fliegen.

Die Eisenbahn: Ich rolle mit meinen Rädern.
Telephon: Ich läute chrrrkrrrkrrr
Uhr: Ich ticke tacke ticke tacke
Känguruh: Ich hupfe hupfe hupfe
Kletterrose: Ich ranke mich die Wand hoch
Segelflieger: ausgebreitete Arme
Krokodil: schnappt auf und zu
Alle, die sich hinten anreihen, führen ihre Bewegungen weiter, bis alle Kinder dranhängen und ein neuer Kuckuck gefunden wird.

Das endlose Lied vom guten Räuber Hoppelzahn

Der gute Räuber Hoppelzahn
raubt alles, was er kriegen kann.
Er raubt bei Nacht den Sonnenschein
und steckt bei Tag das Mondlicht ein.
Der gute Räuber Hoppelzahn
holt sich das Kikriki vom Hahn,
auch Veilchenduft und Froschgequak
steckt er in seinen Räubersack.
Er hat Silber aus Großmutters Haar geklaubt,
er hat schon Ruß aus dem Ofen geraubt
und Schmetterlinge abgestaubt!
Er raubt die Löcher aus dem Käse,
er raubt aus dem Straßenlärm das Getöse,
er raubt das Zahnweh aus dem Zahn,
er raubt, was er nur kriegen kann,
der gute Räuber Hoppelzahn,
und die Beute, die Beute, die Beute
verteilt er an alle Leute.
Aus dem Brunnen fischt er die Sterne
und schenkt sie den Nixen im See,
aus den Kirschen raubt er die Kerne
und spuckt sie in die Höh.
Dem Sturm raubt er farbige Blätter.
Der Seife stiehlt er den Schaum
und schenkt ihn dem Sommerwetter
oder dem Apfelbaum.
Auf Urlaub fährt er mit der Bahn,
der gute Räuber Hoppelzahn,
auf einem Fensterplatz
mit seinem Räuberschatz
und seinem Räuberhut.

Der Hut hat eine Feder dran
und steht dem Räuber gut.
Doch leider ist der Hut zu groß,
er paßt nicht in die Eisenbahn.
Häng doch den Hut ganz hinten an,
sagt zu dem Räuber Hoppelzahn
die Eisenbahn, die Eisenbahn.

Famos!
schreit da der Räuber Hoppelzahn
und koppelt an die Eisenbahn
den Hut ganz hinten dran.
Was macht er dann?

Ich will es euch verraten:
Er setzt sich mit dem Räuberschatz
auf seinen schönen Fensterplatz,
fängt laut zu schnarchen an
und träumt von guten Taten.

Die Eisenbahn, die Eisenbahn,
die fährt so schnell sie fahren kann
mit Räuberhut und Feder dran,
die Eisenbahn, die Eisenbahn,
mit Räuberhut und Feder dran
fährt sie vergnügt durchs Land –

Das ist doch allerhand.

Und wenn der Zug im Bahnhof hält,
dann fragt den Bahnmann alle Welt:

Was ist denn das, der große Hut,
der hinterm Zug mitfahren tut?

Da gibt der Stationsvorstand
der ganzen Welt bekannt:
Ihr seht es ja schon an der Feder –
so einen Hut hat nicht ein jeder!
Der Hut gehört dem Hoppelzahn!

Dem Hoppelzahn, dem Hoppelzahn
schrei'n alle voller Freude.
Den guten Räuber Hoppelzahn,
den kennen alle Leute!
Der gute Räuber Hoppelzahn
raubt alles, was er kriegen kann.
Er raubt bei Nacht den Sonnenschein
und steckt bei Tag das Mondlicht ein

(und so weiter von vorn) –

Auf meiner Kohlenkiste sitzt eine Fee

Auf meiner Kohlenkiste
sitzt eine Fee.
Oje!
Wie soll ich das erklären?
Die Leute werden es nicht verstehn.

Auf meiner Kohlenkiste sitzt eine Fee.

Die kann lang sitzen
und mit ihrer Feenkrone blitzen,
keiner will sie seh'n.

Auf meiner Kohlenkiste sitzt eine Fee.
Sowas gibt's nicht, sagen die Leute.
Sowas gibt's einfach nicht.
Ja . . . früher – vielleicht –
das kann man noch irgendwie verstehn,
früher gab's vielleicht sogar wirklich Feen . . .
Aber heute?

Auf meiner Kohlenkiste sitzt eine Fee.
Ich kann's nicht ändern.
Und ich will's auch gar nicht ändern.

Soll ich sie vielleicht vertreiben?
Meinetwegen mag sie ruhig sitzenbleiben.
Ich hab das gern, wenn ich seh:
auf meiner Kohlenkiste
sitzt eine Fee.

Besenkammergeschichten

Der Besenkammerhans wohnt in der Besenkammer,
und eine kleine Hanna sitzt auch dort.
Die beiden wissen Trost beim allergrößten Jammer
und gehn nie fort.

Wenn du traurig bist und allein,
kommen Hans und Hanna aus der Wand
(sie sind ganz klein)
und geben dir die Hand.

Sie tragen drei kleine Vergißmeinnicht auf der Brust
und flüstern lustiges Zeug,
daß du lachen mußt.
Manchmal erzählen sie auch
vom Bauernhof aus dem Sommer,
von den Schweinen und Kühen im Stall und vom Heu.
Manchmal binden sie Luftballons an die ungeputzten Schuhe.
Aber wenn die Mutter ruft,
sehen sie aus wie Luft
und flüstern: „Ruhe!“
Dann geht die Mutter vorbei.

Darum sitzen alle Kinder so gern in der Besenkammer
oft eine ganze Stunde oder mehr
und flüstern mit Hans und Hanna,
und dann ist das Traurigsein lustig
und nicht mehr
schwer.

Mein Onkel, der Friseur

Mein Onkel, der Friseur,
hat keine Trockenhaube,
doch hat er einen Zwetschkenbaum
und eine Bohnenlaube.

Mein Onkel, der Friseur,
der wäscht so gerne Köpfe,
der wäscht so gerne Zöpfe
mit Seifenschaum, mit Seifenschaum,
der Schaum fließt bis zum Zwetschkenbaum
und bis zur Bohnenlaube.

Die Gartenschaukel, die dort hängt,
hat ihm der Sommerwind geschenkt –
dorthin setzt er die Leute
mit nassem Kopf, mit nassem Zopf
und sagt zum Sommerwind:
Schaukel die Schaukel,
schaukel die Schaukel,
bis alle nassen Köpfe,
bis alle nassen Zöpfe
trocken sind.

Die Traummaus

Manchmal kommt mich die Traummaus besuchen.
Winters wohnt sie im Geburtstagskuchen,
doch im Sommer zieht sie aufs Land hinaus,
die Traummaus.
Dort sitzt sie dann im Sonnenschein,
mauseklein,
läuft durch die Ackerkrumen,
schau! –
mausegrau,
mausesilbern zittert ihr Schnurrbart,
und ihr Mauseherz pocht mauseflink.
Manchmal hebt die dicke Regenkatze
ihre große graue Regentatze –
und die kleine Traummaus lacht

mauseleise.

Einmal ging ich auf die Traumjagd
mit einer Schreckpistole
aus dem Papierladen.
Ich dachte mir: Was kann sie schon schaden,
die Schreckpistole aus dem Papierladen?
Einmal bloß schoß ich in die Luft –
nur so – der Schreck
traf die kleine Maus
mitten ins Herz.
Jetzt liegt sie unter den Sommerblumen
mausetot.

In die weite Welt

Die Schachteleisenbahn

Viele große leere Schachteln –
bauen wir was Schönes draus:
einen hohen Turm aus Schachteln
und ein ganzes Schachtelhaus.

Eine Schachtel ist ein Auto,
eine Schachtel ist ein Nest,
eine Schachtel ist ein Flugzeug.
Heute ist ein Schachtelfest.

Schachteln, Schachteln, Schachteln, Schachteln,
eine an die andre dran –
Kinder – und jetzt steigen alle
in die Schachteleisenbahn.

Wo geht denn die Schachtelreise –
Schachtel, Schachtel, Schachtel – hin?
Nach den sieben Schachtelbergen
zu den sieben Schachtelzwergen
Schachtel, Schachtel bis nach Wien.

Der Mustang in der Schule

Eines Morgens in der Früh
sitzt mir im Kopf, ich weiß nicht wie:
Heut reit ich in die Schule!
Heut nehm ich nicht die Straßenbahn,
heut schau ich auch kein Auto an,
heut reit ich in die Schule.

Ich klappre durch die Straßen laut,
das Pflaster dröhnt, ein jeder schaut,
heut reit ich in die Schule!
Der Polizist gibt für mich Grün,
weil ich ein guter Reiter bin,
heut reit ich in die Schule!

Der Schulwart spricht:
Das gibt's doch nicht,
ein Mustang in der Schule!
Bind du den Mustang draußen an,
weil er hier doch nichts lernen kann,
dein Mustang, in der Schule.

Mein Mustang aber, der ist klug,
für einen Mustang klug genug,
gleich scharrt er mit den Hufen.
Erst scharrt er eins, dann scharrt er zwei,
dann wartet er, dann scharrt er drei,
und trabt hinauf die Stufen.

Mein Mustang, mein Mustang,
mein Mustang, mein Mustang,

er trabt hinauf und klappert laut,
die Kinder schrein, der Lehrer schaut,
mein Mustang, mein Mustang,
mein Mustang, mein Mustang,
er trabt hinauf zum Zeichensaal,
gleich kehrt er wieder um,
zum Turnsaal will mein Mustang schnell,
schon ist er dort und wiehert hell,
mein Mustang ist nicht dumm.
Mein Mustang, mein Mustang,
mein Mustang, mein Mustang,
mein Mustang trabt hinauf, hinab
die vielen Treppenstufen,
er wiehert hell und klappert laut
mit seinen kleinen Hufen,
mein Mustang, mein Mustang,
mein Mustang, mein Mustang,
der Lehrer hat gerufen.

Mein braver Mustang spitzt das Ohr,
trabt noch ein kleines Stückchen vor,
dann steht mein Mustang still.
Und wartet,
was
der Lehrer
will.

Der Lehrer spricht: Das gibt's doch nicht,
ein Mustang in der Schule.
Mein liebes Pferd, du mußt hinaus,
du wartest draußen vor dem Haus,
mein Mustang, vor der Schule.

Da steige ich, wie sich's gehört,
ganz flink von meinem braven Pferd
und geh an meinen Platz.
Mein Mustang nickt und läuft hinaus,
er wartet draußen vor dem Haus,
mein Mustang ist ein Schatz.

Mein Mustang steht bis Mittag dort,
dann reit ich fröhlich wieder fort,
weit fort von meiner Schule!
Wir reiten gleich auf die Prärie,
wir reiten weit, doch morgen früh
geht's wieder in die Schule
auf meinem Mustang,
dem Mustang, dem Mustang, dem Mustang,
dem Mustang in die Schule.

Die Muschel

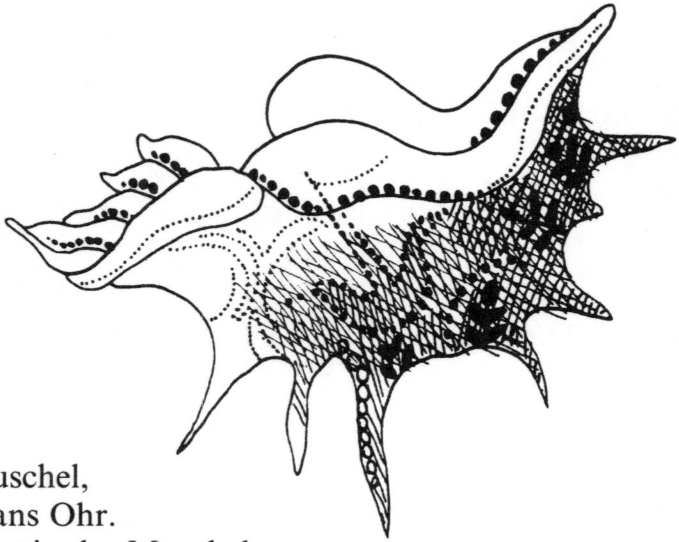

Ich hab eine Muschel,
die halt ich ans Ohr.
Es rauscht in der Muschel,
da kommt mir vor:
ich stehe am Meer,
ich stehe am Meer,
im Sand am Strand.

Die Wellen kommen
gesprungen, gesprungen
und rollen zu mir an den Strand
und lecken mit nassen
breiten Zungen
meine nackten Füße im Sand.

Ich hab eine Muschel,
die halt ich ans Ohr.

Es rauscht in der Muschel,
es rauscht im Ohr.
Es rauscht das Meer,
es knistert der Sand,
ich halte die Muschel in der Hand.
Die Muschel ist schwer,
sie ist nicht leer,
in meiner Muschel
braust das Meer.

Es braust und rauscht,
es blitzt und zischt,
es springt und hüpft
der Wellen Gischt.
Ein Segelschiff
bläht sich im Meer,
ein Dampfer pfaucht
und schmaucht daher
und schmaucht daher
und zieht vorbei,
und hinter ihm,
da schwimmt ein Hai.

Ich werfe meine Angel aus
und will den Hai erwischen.

Das Meer beginnt zu zischen,
der Haifisch öffnet seinen Schlund
und schluckt das Meer samt Meeresgrund,
er schluckt den Sand, er schluckt den Strand,
die Muschel fällt mir aus der Hand,
vor Schreck,
und Meer und Hai sind weg.

Der Kinderfest-Eisenbahnzug

Ich bin der erste Waggon,
ich hab Badehosen geladen,
getupfte, gestreifte, karierte.
Steig ein, wir fahren baden!

Ich bin der zweite Waggon,
ich führe dreihundert Katzen!
Doch für euch ist immer noch Platz.
Steigt ein, aber laßt euch nicht kratzen!

Ich bin der dritte Waggon,
ich führe ein Ringelspiel
mit Pferden, Rädern und Feuerwehr.
Steigt ein, wer mitfahren will!

Ich bin der vierte Waggon,
ich führe ein Vogelnest
mit sieben winzigen Vögeln drin,
die piepsen im Geäst.

Ich bin der fünfte Waggon,
gefüllt mit Bändern und Maschen,
mit Lampions und silbernen Schuhn
und grünen Zauberflaschen.

Ich bin der sechste Waggon,
ich hab sieben Berge geladen,
eine kleine Negerpuppe
und einen goldenen Faden.

Ich bin der letzte Waggon
ich bin der größte Waggon!
Den ladet *ihr* jetzt voll –
dann fahren wir davon.

Was laden wir ein? Was soll es sein?

Ein Teddybär, Limonade, Windbäckerei?
Das laden wir alles in den Waggon
und fahren zum Kinderfest davon.

Wer hat sich das wohl ausgedacht?

Der Bagger und der Regenwurm

Der Bagger spielt mit Sand.
Er nagt ein Loch ins Land
und spuckt einen Berg daneben.
Was soll denn das geben?
fragt der Regenwurm.

Ein Schwimmbecken für die Kinder,
sagt der Bagger,
und für dich
einen Aussichtsturm.

Der Eisschrank ist krank

Der Eisschrank ist krank,
es fehlt ihm ein Schräubchen,
ein Bagatellchen.
Das blecherne Ställchen,
es kann nicht mehr frieren –
man muß den Eisschrank reparieren.

Da kommt ein Mann,
der klopft und zwickt,
er sagt: Der Eisschrank ist verrückt.
Es fehlt ihm ein Schräubchen!
Man kriegt es nicht mehr!
Der Eisschrank ist nicht mehr modern!
So was hört keiner gern.

Der Eisschrank ist krank,
es fehlt ihm nicht viel,
dem armen Tierchen,
nur ein kleines Reparierchen . . .
doch er muß auf den Müll.

Die Eisenbahn

Die Eisenbahn, die Eisenbahn
wächst nicht auf einem Stengerl
und nicht auf einem Stamm.
Es hat sie sich wer ausgedacht
auf einem großen Blatt Papier:
die Räder,
eins, zwei, drei und vier,
den schwarzen Bauch,
den schwarzen Rauchfang,
den schwarzen Rauch.
Schon fährt sie übers Papier.
Tsch – sch – sch – sch –
Dann gab er das Papier einem blauen Mann.
Der sagte hmhm und aha.
Und der blaue Mann
und noch ein blauer Mann
und noch ein blauer Mann
haben sie dann gemacht.
Ihre Hämmer machten pam – pam – pim
und pam – pam – pam,
denn sie ist ja aus Eisen, Eisen, Eisen,
die Eisenbahn.
Aber das Eisen sagte: Ich mag keine Bahn, Bahn, Bahn
sein!
Nein. Nein. Nein. Nein.
Da haben die blauen Männer gelacht,
die Hämmer haben gelacht
ha-ha – pam – pam – pam.
Und sie haben die Eisenbahn gemacht.
Schon rollt sie über den Eisenbahndamm
Tsch – sch – sch – sch.

Der Fernsehwurm

Kennst du den Fernsehwurm?
Der sitzt im Bildschirmhaus.
Er schläft zumeist den ganzen Tag
und schlüpft am Abend aus.

Du hast ihn sicher schon gesehn:
er flirrt und flitzt und blitzt,
wenn du (sollst du nicht schlafen gehn?)
noch vor dem Bildschirm sitzt.

Er flimmert und kracht,
er blinzelt, er lacht –
er rängelt sich, er schlängelt sich,
er stengelt sich und zwängelt sich –
gib acht! –
in deinen Kopf hinein.
Dort sitzt er und blitzt er
und spuckt in jeden Zwischenraum
Zischelsilberschaum.
Er sitzt nicht nur, er blitzt nicht nur,
keine Spur,
er zuckt, er ruckt, er guckt, er spuckt –
und wenn du jetzt nicht schlafen gehst,
dann rumort er und bohrt er
sich einen dunklen Gang
in deinen schönsten Traum.

T e l e p h o n i e r e n

Hallo! Bist du da?

Ich bin da. Bist du dort?

Hallo!
Bist du fort?

Hallo!
Bist du da?

Ja!

Ich hör dich nicht recht.
Die Verbindung ist schlecht.

Ah!
Da bist du ja!

Hörst du mich nicht?

Nein, du störst mich nicht!
Es knackt in der Leitung.
Was steht in der Zeitung?

Ich hab heut noch keine gelesen!

Du hast einen neuen Besen?
Warum?

Wer ist dumm?

Nein, ich nehm dir's nicht krumm.
Ich kauf mir zwei Hasen.

Du kaufst dir zwei Nasen?

Mit rosa Ohren!

Was hast du verloren?
Ich hör dich nicht recht.
Die Verbindung ist schlecht!

Ich hör keinen Ton!

Was möchtest du? Ein Ypsilon?
Einen Schuhkarton?

Einen Luftballon!

Ach so!
Da bin ich aber froh!

(und wie geht's weiter?)

A u t o b a h n l i e d

Wir fahren auf der Autobahn
Autobahn Autobahn
so schnell man Auto fahren kann
fahren kann fahren kann
Vordermann Hintermann
Autobahn Autobahn
Autobahn Autobahn
Laster stinkt
vor der Nas
Dieselgas
Dieselgas
schnell geblinkt
Laster rollt
Räderräderräderräder Räderräderräderräder
ü
ber
holt!

Wir fahren auf der Autobahn
Autobahn Autobahn
so schnell man Auto fahren kann
fahren kann fahren kann
links ist grün, rechts ist grün
Leitplanken Leitplanken
irgendwann irgendwann
irgendwann irgendwann
müssen wir auch tanken.

Zitternadel Zitternadel
LiterLiterLiterLiter

Nitterzadel Nitterzadel
Zatterniedel Natterziedel
Lenkrad
immer grad
Vordermann
Vordermann
Räderräderräderräder
jetzt bin ich der erste
auf der Autobahn

Autobahn Autobahn
Brausewind Sausewind
links grün rechts grün
Leitplanken
Zitternadel
Lenkrad
immer grad
Autobahn Autobahn
Autobahn Autobahn
Autobahn

Hoffentlich kommt jeder
an.

Dem Vater ins Handschuhfach

Manches Mal, da muß man fort
an diesen oder jenen Ort.
Dazu weiß ich einen Reim:
Gib acht auf dich und komm gut heim.

Der Preßluftbohrer

Tschianko Tschianko triiiii
Tschianko Tschianko triiiii
schon in aller Früüüüüüh
Tschianko Tschianko triiiii
Tschianko Tschianko triiiii

Der Preßluftbohrer redet chinesisch,
nicht deutsch, nicht französisch,
nicht spanisch, nicht japanisch,
er sagt schon in aller Früh:
Tschianko Tschianko triii
Tschianko Tschianko triii
Der Preßluftbohrer redet nicht friesisch,
nicht englisch und nicht portugiesisch,
aber Chinesisch kann er, und wie!
Er sagt schon in aller Früh:
Tschianko Tschianko triii
Tschianko Tschianko Tschianko
Tschianko Tschianko Tschianko
Tschianko Tschianko Tschianko
Tschianko Tschianko
triiiiiiiiiiiiiiiiiiiiiiiiiiiiiiiiiiiiiiiii

Hampel Strampel

Hampel Strampel

Hampel Strampel heißt mein Hampelmann,
weil er so gut hampeln und strampeln kann.
Ich ziehe nur
an einer Schnur.
Schon hampelt er!
Schon strampelt er!

Matadorspiel

Matador
es kommt mir vor
du wirst ein Caterpillar.
Was will er, was will er
der Cater-Caterpillar –
er schiebt die dickste Mauer um –
bumm.

Matador
es kommt mir vor
du wirst ein großer Laster.
Was faßt er, was faßt er,
der große, große Laster –
alle Puppen gehn hinein –
fein.

Matador
es kommt mir vor
du wirst ein starker Kran.
Was kann, was kann
was kann der starke Kran –
er spielt mit Seifenblasen
und Hasen.

Meine Puppe

Meine Puppe, das ist wahr,
Schlafaugen hat sie und echtes Haar
und echte Wimpern und rote Wangen,
ein Tupfenkleid und Schuhe mit Spangen.
Sie hat eine Stimme im Kuschelbauch.
Darum kann sie lachen und ganz laut weinen.
Und sie schlenkert mit Armen und Beinen.
Das können andere Puppen auch.
Doch meine Puppe, sag ich dir,
spielt am allerliebsten mit mir.
Wir spielen zusammen jeden Tag.
Sie will mein Kind sein, weil ich sie mag.

Mein Teddybär

Mein großer dicker Teddybär,
der hat so gern gebrummt.
Nun hat er keine Stimme mehr.
Mein Teddy ist verstummt.

Aus braunen Augen schaut mein Bär
mich jetzt ganz traurig an.
Er kränkt sich sehr, mein Teddybär,
weil er nicht brummen kann.

Ich will mit ihm zum Doktor gehn!
Der schaut ihm in den Mund
und sagt: mein Kind, du wirst schon sehn,
ich mach dich gleich gesund.

Bald brummt mein lieber Teddybär
ganz fröhlich wiederum,
und noch viel lauter als vorher:
Brummbrumm brummbrumm brummbrumm.

Die wichtigsten Farben im Malkasten eines Zauberlehrlings

Rauchfangkehrerschwarz
Zitroneneisweiß
Nasenblau
Entchengelb
Zornrot, Stotterrot, Marienkäferfarben
Kniegrau
Himmelgrün
Glasfarben
Kaninchenohrrosa, Katzengrün
Tankstellengelb
Brombeer
Suppengrün
Schiller
Indio
Zittergold
Quecksilber
Schattenweiß
Stearin
Lockengelb,
Glockengelb
Miaulett
Gorilla
Polsterkariert
Zapfenbraun
Spaßgrün
Kicherblau
Schneebunt

Ball – Ball
(Für Helga)

Ball, Ball,
komm zu mir!
Kommst du nicht,
komm ich zu dir.

Ball, Ball,
roll nicht davon,
sonst hol ich dich!
Da komm ich schon.

Ball, Ball,
siehst du mich?
Da komm ich schon!
Jetzt hab ich dich!

Was raschelt im Stroh?

Was raschelt im Stroh?

Gogogogo
was raschelt im Stroh?
Zwei Hühnerbeine
die sind nicht alleine

gogogogo
wer ist noch dabei?
Ein Hühnerschopf
und ein Hühnerkopf
ein Bauch und ein Schwanz
und das Huhn ist ganz
gogogogo
es raschelt im Stroh
und legt ein Ei
gogogogo –

Es war einmal ein Schmetterling

Es war einmal ein Schmetterling,
der hing
blim – blum
an einer Glockenblume.
Kling – klang Glockenblume.

Ein Zwerg mit einem weißen Bart
– wart –
blim – blum
zupft an seiner Mütze
Zipf – zupf Zipfelmütze:

Komm, Schmetterling, komm
blim – blum
in meine Zipfelmütze
kling – klang
zipf – zupf
Zipfelmütze.

Der Schmetterling
blim – blum
hing –
zipf zupf kling klang
hing an der Zipfelmütze –
blim blum, blim blum
blim – blum
und trug sie fort.

Der Zwerg mit seinem weißen Bart
wart –

blim blum
der zupfte an der Glockenblume

zipf zupf zipf zupf zipf zupf
blim blum kling klang
Glockenblume
willst du meine Zipfelmütze sein?
    Blim blum
    kling klang blim blum
    sagte die Glockenblume.

Da setzte sich der Zwerg die Glockenblume
zipf zupf kling klang
blim blum Glockenblume
statt der Zipfelmütze auf den Kopf
    blim blum
    und ging davon
    zipf zupf kling klang zipf zupf kling klang
    blim blum.

Der Wolf

Der wilde Wolf mit Augen grün,
er trabt des Nachts durchs Land dahin
und heult sein Jagdlied weit hinaus.
Er jagt und frißt und kehrt nach Haus.
Der wilde Wolf ist nicht so wild,
hat er den Hunger erst gestillt.
Im Märchen ist er ein Bösewicht,
aber in Wirklichkeit ist er das nicht.
Der Wolf ist ein Raubtier, stark und schnell,
und im Winter trägt er Silber im Fell.

Mutter Vater Kind

Die Mutter Pferd heißt Stute, die gute.
Das weißt du schon längst?
Ihr Kind heißt Fohlen.
Und der Pferdepapa?
Heißt der I-haha?
Nein. Der heißt Hengst.

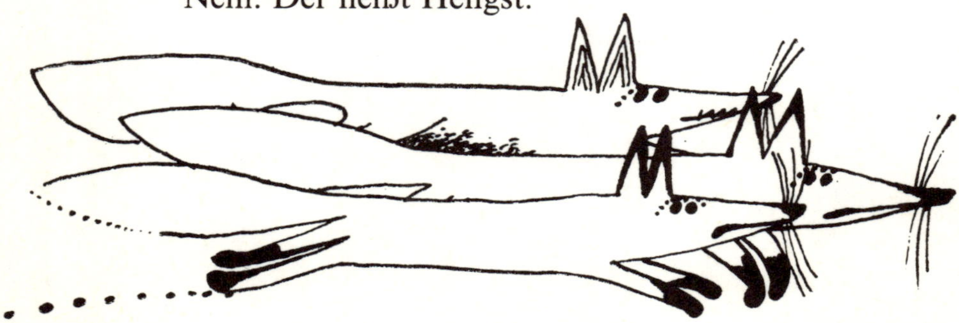

Das Kalb auf der Weide,
wir wissen es beide,
hat zur Mutter die Kuh.
Und der Stier,
wissen wir,
ist der Vater dazu.

Auch der Kater ist ein Vater,
die Katze die Mutter,
doch das Kind?
Es heißt Muschi und Mietzerl
und goldenes Striezerl.

Und der Hahn und die Henne
und das Küken, die sind
im Hof und auf der Tenne
Vater, Mutter, Kind.

Und ein Papa heißt Hans
und die Mutter Grete
oder Helga und Franz
oder Fritz und Rosemarie.

Doch das Kind, das heißt Putzerl
und Schatzerl und Wuzerl
und Binkerl und Lauserl
und Guckerl und Zauserl
und Haserl und Henderl
und Dididiwu
und Bauxerl und Fratzerl
und Mauserl und Katzerl

und das bist dann du.

K a t z e n s t r e i c h e l s p i e l

(für ein Kind und eine Katze)

Katze, Katze, komm zu mir,
laß dich streicheln, Katzentier!

Ich will jetzt nicht gestreichelt sein.
Bitte, laß mich doch allein!

Schnurr doch, Katze, bitte, schnurr,
nur ein bißchen schnurr doch nur!

Weg die Pfoten! Laß mich aus!
Ich denke grad' an eine Maus!

Du bist so katzenweich und warm.
Komm, ich nehm dich auf den Arm!

Ich will jetzt nicht gestreichelt sein!
Bitte, laß mich doch allein!

Ich will dich streicheln
vom Kopf bis zum Schwanz
und vom Schwanz bis zum Kopf,
und jetzt schnurr endlich ganz!

Pfffcchrrrchrr!

Pfui, Katze! Müssen die Katzen
immer pfauchen und kratzen?
Ich will dich doch nur streicheln!
Und du sollst schnurren und schmeicheln!

Katzen kommen, wann sie wollen,
und nicht, wann sie kommen sollen.

Sitz doch nur ein bißchen still!
Ich komm schon, wenn ich kommen will.

Katze, bitte, komm zu mir,
will doch kommen, Katzentier!

Ich bin ja gar nicht gern allein.
Ich will ja gern gestreichelt sein.
Doch mußt du mich streicheln, wie sich's gehört,
vom Kopf zum Schwanz und nicht umgekehrt!

Ist es so recht?

Ganz wie ich möcht!

(Beide singen nach der Melodie „Schlaf Kindchen schlaf":)

Schnurr, Katze, schnurr
ein kleines bißchen nur,
ein kleines bißchen immer mehr
und kratzen sollst du nimmermehr,
schnurr, Katze schnurr!

(beide, aneinandergeschmiegt, schnurren)

Schnurr schnurr schnurr!

Die Fledermaus

Die Fledermaus, die Fledermaus
kommt bei Nacht aus dem alten Uhrturm heraus
und will immer wissen, wie spät es ist.
Aber weil sie immer vergißt:
läuft der Uhrzeiger rechts herum?
läuft der Uhrzeiger links herum? –
so weiß sie nie, wie spät es ist.
Die Fledermaus ist doch recht dumm.
Sie knabbert ein bißchen am Zifferblatt,
daß sie doch auch von der Zeit was hat.

Der Panther sagt

Der Panther sagt: Ich habe Flecken,
drum kann ich mich im Busch verstecken.
Das Zebra sagt: Ich habe Streifen,
drum kann ich durch die Steppe schweifen.
Der Löwe spricht, der wüstengelbe:
Löwe und Sand sind fast dasselbe.
Es spricht der Heuschreck mit grünem Bein:
Im Gras werd ich nicht zu finden sein.
Es singt vergnügt das Chamäleon:
Am besten komm wohl ich davon.
So hat ein jedes, was ihm nützt:
die Farbe, die am besten schützt.

Wenn die Spinnen Netze spannen

Wenn die Spinnen
Netze spannen,
sagen wir:

Spinnen am Abend – erquickend und labend
Spinnen am Morgen – Unglück und Sorgen
Spinnen am Mittag – Glück am Drittag

Die Spinnen machen sich nichts daraus,
was wir auch sagen.
Sie spannen ihre Netze zum Beutefang aus.
Sie kümmern sich nur um Fliegen und Wind
und darum, ob ihre Netze voll Beute sind.

Forelle und Libelle

Manchmal haben die Dotterblumen am Bach
Gesichter.
Dann sagen sie: „Schau, die Libelle!“
Dann sagen sie: „Schau, die Forelle!“
Dann sagen sie: „Forelle und Libelle reimen sich!“
Darauf sage ich:
„Sie reimen sich und fressen alle beide Mücken.
Das ist doch nicht schwer!“
Da haben die Dotterblumen plötzlich
keine Gesichter mehr
und lassen sich pflücken.

Wau wau wau

Wau wau wau spiel mit mir
wau wau wau weg mit dir
wau wau wau nicht erschrecken!
wau wau wau wirf den Stecken!
wau wau wau komm nicht zu nah!
wau wau wau ich bin schon da
wau wau wau ich habe Durst
wau wau wau hier riecht's nach Wurst
wau wau wau dort fliegt ein Huhn
wau wau wau wauwau wauwau
ich hab so schrecklich viel zu tun
wau! wau! wau!

Die Raupe

Die Raupe sitzt auf ihrem Blatt
und frißt sich satt.

Wenn sie das Blatt gefressen hat,
kriecht sie zum nächsten Blatt.

Ist die Raupe fett,
spinnt sie sich selbst ein Himmelbett,
schläft ein und träumt vom Fliegen.
Wir wünschen viel Vergnügen!

(Mög sie der Specht nicht kriegen!)

Das Wildschwein

Das Wildschwein ist ein wildes Schwein
mit Borstenhaar und Hauern.
Es lebt im Wald. Das wilde Schwein
wohnt nie im Stall beim Bauern.

Es kriegt sein Futter nicht im Trog,
so muß es fleißig schnüffeln.
Sein Rüssel sucht in Moos und Laub,
dort findet es Eicheln und Trüffeln.

Das wilde Schwein nimmt gern ein Bad
in Tümpeln und in Sümpfen.
Wenn es genug gebadet hat,
geht's fort in schwarzen Strümpfen.

Wenn so ein Wildschwein Junge hat,
ist es nicht ungefährlich.
Ich träf es dann nicht gern im Wald.
Du auch nicht, sag es ehrlich.

Der Specht

Es hämmert der Specht:
Wurm in der Rinde,
wenn ich dich finde,
geht es dir schlecht!
hämmert der Specht.

Dem Baum ist das recht.

Schneck-Schneck

Schneck Schneck
hör mich an
kriech nicht auf die
Autobahn
kommt ein Auto, bist du weg
armer Schneck!

Die Schnecke

Die Schnecke kriecht auf ihrem Bauch,
zupft da ein Blatt und dort ein Blatt,
frißt sich an Gras und Kräutern satt,
und Erdbeeren knabbert sie auch.

Die Schnecke kriecht auf ihrem Bauch
ganz langsam durch das Land.
Das ist uralter Schneckenbrauch.
Die Steine und die Berge,
die sind mit ihr verwandt.

Die Schnecke kriecht, sie hat viel Zeit,
sie kommt von weit, sie will nach weit,
und wo sie kriecht, bleibt eine Spur
wie Glas und Silber. Such sie nur –

S t e i n b o c k

Wo die Berge steil sind,
wo die Wolken wandern,
sprang ein wilder Steinbock
von einem Felsen zum andern.

Einmal kam der Steinbock
nieder ins Tal gegangen,
sah sich im Walde um,
wollt einen Jäger fangen.

Vor dem Jäger her
sprang der wilde Bock,
auf den höchsten Berg
hat er den Jäger gelockt.

Der Steinbock tat einen Sprung
bis auf den nächsten Stein,
bis auf den nächsten Stern –
der Jäger holt ihn nicht ein.

Der Jäger ist umgekehrt.
Der Steinbock springt schon ganz fern –
springt nicht von Stein zu Stein,
springt schon von Stern zu Stern.

K a t z e n g e d i c h t

Die Katze ging vergnügt über Land.
Die Katze war ein Musikant.
Da kam ein Fisch geflogen,
bunt wie ein Regenbogen.
„Wart nur, du Fisch,
wenn ich dich erwisch –“
sagte die Katze
und hob die Tatze.

Der Fisch, der schrie:
„Liebes Katzenvieh,
einen fliegenden Fisch
erwischt du doch nie!“
Dann flog er gemütlich weiter –
die Katze murrte,
die Katze pfnurrte
und war erst am nächsten Tag
wieder heiter.

Maler Klecksel

Maler Klecksel
malt ein Pferd,
das hat den Schweif und Kopf verkehrt.
Maler Klecksel
malt einen Hund,
der ist nicht schwarz, nicht weiß, nicht bunt.
Maler Klecksel
malt einen Stern,
aber er malt ihn gar zu fern.
Maler Klecksel
malt sieben Wochen –
dann ist ihm der Pinsel abgebrochen.

Wenn die Schnecken Ecken necken

Wenn die Schnecken Ecken necken,
wenn die Spatzen Katzen atzen,
die Giraffen Affen raffen
ruht kein Känguruh.

Wenn die Tauben Hauben klauben,
wenn die Igel Egel rauben
und die Schrauben das erlauben,
sieht das Gnu noch zu.

Doch wenn dann der Rabenvater
krächzt, er sei ein Vabenrater,
wird die Kuh zur Huk –
und die Schlange fragt nicht lange,
sagt: „Ich hab genug!“
und frißt den ganzen Spuk.

Glasbläser blasen Blasgläser

Glasbläser
blasen
Blasgläser

Hasen
grasen
Grasgräser

Heuschrecken
schrecken Heu
was ist schon dabei?

Haselmäuse
mausen
Haselnüsse.
Müssen Haselmäuse
Nüsse mausen?

Maulwürfe graben Maulwurfsgänge.
Wurzeln purzeln.
Dunkel ist's und enge,
wo die rosa Regenwürmer schmausen.

Draußen flirrt das Himmelblau.
Sagt der Schreck zu seiner Frau:
Heu – heu – heute
freu'n sich alle Leute.

Die Kuh im Schwalbennest

Eine Kuh, die saß im Schwalbennest,
was hat sie dort getan?
Sie strickte einen bunten Hund,
der war schön eckig und ganz rund
mit großen Flügeln dran,
jaja,
mit großen Flügeln dran.

Der Hund miaute: „Kikeriki!“
Dann flog er übers Dach.
Die Katze und der Gockelhahn,
die sahen das verwundert an
und bellten laut ihm nach,
jaja,
und bellten laut ihm nach.

Die Kuh, die saß im Schwalbennest.
Was hat sie jetzt getan?
Sie strickte einen neuen Hund,
der war nicht eckig und nicht rund,
mit keinen Flügeln dran,
nein, nein,
mit keinen Flügeln dran.

Der Hund, der blieb im Schwalbennest
und konnte stricken, muh!
Da kletterte die Kuh aufs Dach.
Der brave Hund, der sah ihr nach . . .
Jetzt strickt er eine Kuh,
juhu,
jetzt strickt er eine Kuh.

Schau nur genau

Schau nur genau heut!
Die Mäuse sind blau heut
die Veilchen sind grau heut
und die Kuh sagt Miau heut.
So geht's zu auf der Welt heut:
Die Katze, die bellt heut
der Laubfrosch schreit Muh heut
und der Hund quakt dazu heut.
Der Wetterhahn schnarcht schon seit heute früh
und der Regenwurm schmettert sein Kikeriki.
Es gackert der Traktor, schon legt er ein Ei heut
auf der Wolke das Huhn,
was hat's dort zu tun?
Es schält sich Bananen,
gleich zwei oder drei heut
und der Wind, der scheint heiß heut
und der Regen bläst leis heut
der Traktor gackert immer im Kreis heut
und der Himmel ist grün
und die Wiese ganz blau heut
und die Distel scheint hell
und die Sonne sticht –
wer weiß schon genau heut,
ob das stimmt oder nicht –

Beim Zebrastreifen

Die Ampel ist rot:
das heißt Gehverbot.

Die Ampel, die gelbe
sagt noch dasselbe.

Aber bei Grün
darfst du zieh'n.

Händewaschen?

Händewaschen?
Muß wohl sein.
Seh ich ein.
Dreck muß weg.
Aber manchmal ist ein Tag
wo man nicht mag.
Da will man noch eine Weile
das Glitzern an den Händen haben
vom Sandtunnelgraben.
Oder Farbe vom Malen und so.
Man kommt heim und ist froh.
Da schreit einer:
„Wasch dir die Pfoten!"

Sowas gehört verboten.

Das Kipfel

Das Kipfel ist zum Essen da,
das Kipfel ist gesund.
Zerbrösel mir das Kipfel nicht,
steck's lieber in den Mund!

Was alles in der Schultasche ist

Heft und Bücher
Malkasten und -tücher
Zopfspangen
Gummischlangen
ein Pennal
ein ganz kleiner Ball
ein Frühstücksbrot
ein Stift Tintentod
ein Taschenmesser
ein Stundenfresser
ein Bleistiftspitzer
ein Paar Ohrenschützer
ein Turnschuh
eine Plastikkuh
ein Flötenputzer
ein Känguruh
und eine Maus.

Aber die muß raus.

D i e F r ö s c h e a m T e i c h

Frösche wohnen gern nahe am Teich.
Sie sind nicht gleich Frösche,
erst heißen sie: Laich.
Laich nennt man die Eier,
die Frösche ins Wasser legen.
Sie wohnen ja auch so nahe am Teich
deswegen.

Ein Frosch-Ei ist sehr klein und rund.
Darin sitzt ein Punkt ohne Augen und Mund.
Bald wächst der Punkt, der kleine,
kriegt Augen, Mund und Beine
und einen dicken runden Bauch
und eine Schwanzflosse kriegt er auch.
Kaulquappe heißt er jetzt
und schwimmt und taucht.
Im Teich hat er alles,
was eine Kaulquappe braucht.
Wenn du zum Teich kommst,
fang sie nicht,
die kleinen Quappen.
Sie wollen Frösche werden
und nach Fliegen schnappen.

Hast dir wehgetan?

Hast dir wehgetan?
Komm, wir schaun es an!
Komm, wir blasen drauf
und schon hört es auf.

Noch ein kleiner Blaserich,
dann putzen wir den Naserich
so – so – so –
jetzt sind wir wieder froh.

Sprücherl nach dem Hinfallen

Tut dir was weh?
Komm her, daß ich's seh!
Wir werden es reiben,
da wird es nicht bleiben,
wir werden es blasen,
da kommen drei Hasen,
stupsen die Nase drauf –
gleich hört es auf!

D i e   K a m i l l e n f e e

(Beim Kamillenteekochen zu singen)

Magenweh –
Kamillentee
wollen wir uns kochen.
Ruf uns die Kamillenfee,
denn dann wird's ein guter Tee,
hat sie uns versprochen.

Nimm das Wasser frisch vom Hahn,
stell es kalt aufs Feuer,
bald fängt es zu kochen an,
brodelt ungeheuer.

Nimm zwei Finger Blütenschnee
mit Kamillenduft.
Wie ich riech und wie ich seh,
steigt ein Wölkchen in die Höh.
Da schwebt die Kamillenfee
auch schon in der Luft.

Schnell vom Feuer nimm den Tee,
laß ein bißchen ziehn.
Wenn er auskühlt, sagt die Fee,
gelt, dann trinkst du ihn.
Nicht zu kalt und nicht zu heiß,
sagt sie, das ist wichtig –

und in den Kamillentee
tunkt sie ihre große Zeh:
„So, jetzt ist es richtig."

Dann hebt sie die Flügel leis,
golden gelb und silberweiß
fliegt sie in die Höh.

Trinkst du dann den Tee, mein Kind,
schwimmt vielleicht im Tee
(nein, wie diese Feen sind!)
schwimmt vielleicht im Tee, mein Kind,
ein Sockerl von der Fee,
ein Rockerl von der Fee,
ein Unterrockerl
von der Kamillenfee.

Wo die Leute wohnen

Die Räuber wohnen in Höhlen,
die Hexen wohnen in Küchen,
im Gebirgsbach wohnen Forellen,
die Zauberer wohnen in Sprüchen.

Die Schwalben wohnen in Nestern,
im Mauseloch wohnt die Maus.
Das Heute wohnt im Gestern.
Und wo ist das Morgen zuhaus?

Der Mann mit dem silbernen Stäbchen

(Für Dr. Rudolf Kratochwill)

Wie heißt er denn, der Mann?
Er hat einen weißen Mantel an.
Mit einem silbernen Stäbchen
beklopft er meinen Zahn.

Mein Zahn sagt au, mein Zahn sagt uh,
doch ich, ich sage nichts dazu.
Den Mund mach ich auf, ganz weit,
denn ich bin ja gescheit.

Wie heißt er denn, der Mann?
Er hat einen weißen Mantel an.
Mit einem surrenden Rädchen
kratzt er an meinem Zahn.

Das Rädchen surrt,
der Zahn, der murrt,
mir ist ein wenig bang,
doch dauert es nicht lang.

Wie heißt er denn, der Mann?
Er nimmt ein rundes Spiegelchen
und sagt zu dem brummigen Zahn:
Schau dich im Spiegel an!

Der Zahn, der guckt ins Spiegelchen
und ruft: Ich hab ein Loch!
Ach bitte hilf mir doch!

Wie heißt er denn, der Mann?
Aus einem weißen Tiegelchen
nimmt er ein Bröcklein irgendwas,
das ist so weiß wie Schnee,
und schmiert es in den hohlen Zahn.
Der Zahn tut nicht mehr weh.

Wie heißt er denn, der Mann?
Er hat einen weißen Mantel an,
er hat ein silbernes Stäbchen,
er hat ein surrendes Rädchen,
er hat ein rundes Spiegelchen,
er hat ein weißes Tiegelchen
und tut gern, was er kann,
auch für dich und deinen Zahn.

Der verlorene Patschen

Mama, ich muß auf einem Bein hupfen,
weil ich den zweiten Patschen nicht find.
Wenn ich nicht hupf, hab ich gleich einen Schnupfen,
und wenn ich hupf, geht es nicht geschwind.
Nur weil ich den zweiten Patschen nicht find.
Nur weil ich den zweiten Patschen nicht find.

Er ist nicht unterm Bett,
er ist nicht unterm Schrank,
er ist nicht im Klosett,
er ist nicht unter der Bank.

Am Abend stand er noch so nett
mit seinem Bruder beim Bett.
Jetzt ist er nicht zu sehn,
der Patschen. Ich kann's nicht verstehn.

Wo ist er, wo?
Ach hätt' ich ihn schon!
Er ist nicht unterm Radio
und nicht auf dem Balkon.
Vielleicht ist er zum Vergnügen
aufs Dach gestiegen
und hinuntergepurzelt!
Vielleicht besucht er dann und wann
den Kartoffelmann,
der im Keller wurzelt.

Ich ruf ihn: Komm heraus!
Ich ruf ihn: Komm nach Haus!
Mama, sag ihm, daß ich in die Schule gehn muß!
Und vorher muß ich noch Kakao trinken
und zum Fenster hinaufwinken.
Wie soll ich das alles auf einem Fuß!
Mama, ich wär geschwind wie der Wind,
aber weil ich den zweiten Patschen nicht find,
muß ich auf einem Bein stehn
wie ein Storch
und kann nicht in die Schule gehn!
Patschen, komm heraus!
Mama horch!
Ich hör ihn lachen.
Er macht immer solche Sachen!
Jetzt sitzt er irgendwo und lacht mich aus.

Silberspruch des Regens

(Für Kurt)

(Dies ist für dich, wenn du schon weißt,
daß ein Beistrich „Komma“ heißt.)

Der Regen schreibt einen silbernen Spruch
an die Fensterscheiben.
Du findest ihn in keinem Buch:
Punkt, Punkt, Punkt, Komma.
Siehst du den Regen schreiben?
An den Fensterscheiben
bleiben die Tropfen sitzen:
Punkt Punkt Komma.
Punkt Punkt Punkt Komma.
Punkte und Kommas von tausend Geschichten
und von tausend Gedichten
sitzen nun auf den Fensterscheiben
und blitzen.
Es gehören nur noch
ein paar Wörter hinein,
aber die fallen uns dann schon ein,
stehen einmal die Punkte da.
Punkt, Komma.

Wie die Punkte und Kommas blitzen!
Regen, hör auf zu spritzen,
schreib nicht so dicht!
Sonst bleiben die Punkte und Kommas nicht sitzen,
sie laufen davon und stricheln uns durch
alle Geschichten und jedes Gedicht.

Erst waren die Tropfen so nett:
Punkt Punkt Komma.
Jetzt spielen sie See am Fensterbrett
und tropfen auf den Boden:
Punkt, Komma. Punkt Punkt Punkt Komma.
Schon kommt mit einem Tuch die Oma.
Zurück bleibt ein feuchter Fleck.
Und drei und eine halbe Geschichte
und eindreiviertel Gedichte,
ohne Punkt, ohne Komma.
Du findest sie in keinem Buch.
Sie sind in einem nassen Tuch.

Die kleine Bitte

Ich hab eine ganz kleine Bitte,
und wirklich nur die eine,
keine zweite, keine dritte,
nur die eine oder keine:
Ich möchte eine nur soo kleine
weiße Maus
in einem kleinen, nur soo großen
Mäusehaus.
Und dazu eine Katze mit einem ganz weißen
Fell, denn die paßt dann so gut
zur Maus. Und damit sie der Maus nichts tut,
soll die Katze Mäuslein heißen.
Und damit die Katze brav ist
und das Mausen vergißt,
möchte ich einen Hund, der schnappt,
wenn die Katze nach dem Mäuslein tappt.
Und damit der Hund der Katze
nichts tut – wie soll ich dir das erklären? –,
brauchen wir einen Bären,
der droht dem Hund mit der Tatze.
Auf den Bären aufpassen
könnten wir einen Elefanten lassen,
denn ein Elefant ist weise,
er geht herum ganz leise,
so daß ihn niemand hört
und es die Nachbarn unter uns nicht stört.

Wie man Mäuse fängt

Weißt du, wie man Mäuse fängt?
Mit Speck und Schmalz.
Weißt du, wie man Spatzen fängt?
Auf den Schwanz streut man Salz.

Weißt du, wie man Grillen fängt?
Man singt ihnen was vor.
Weißt du, wie man Sterne fängt?
Mit einem langen Rohr.

L i e d

Der Wecker und die Kuckucksuhr,
die hatten einen Streit,
wer wohl am besten sänge,
wer wohl am besten sänge,
zur schönen Maienzeit,
zur schönen Maienzeit.
Der Kuckuck in der Kuckucksuhr,
der fing gleich an zu schrein.
„Ich aber kann es besser,
ich aber kann es besser!“
fiel gleich der Wecker ein,
fiel gleich der Wecker ein.
Sie sangen alle beide,
sie bekamen nicht genug.
Sie sangen alle beide,
sie sangen alle beide:
„Krrrrrr krrrrrr, tik tak, kuckuck,
krrrrrr krrrrrr, tik tak, kuckuck!“

Der Waschtrommel-Trommler

Ich bin der Waschtrommel-Trommler
und trommle laut und leise:
So trommeln die Riesen –
So trommeln die Zwerge –
So trommeln die Hasen –
So trommeln die Mäuse.

Und wie trommeln die Pferde?
Und die Marienkäfer?
Und die Spatzen?
Und die Wolken?
Der Regen? Der Hagel?
Die Föhrenzapfen, die vom Baum fallen?
Der Donner?
Die Affen?
Die Eidechsen?
Der Nußbaum bei Sturm?
Und wer noch?

T r i a n g e l

Ich hab einen alten Schlüssel,
mit dem man nichts mehr aufsperren kann.
Wozu ist so ein Schlüssel gut?
Was fang ich damit an?

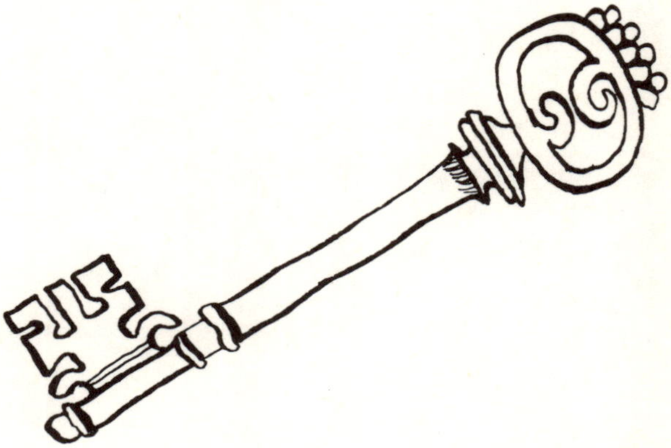

Ich hab einen alten Löffel,
mit dem man nicht mehr essen kann.
Wozu ist so ein Löffel gut?
Was fang ich damit an?

Häng den Schlüssel an ein Band,
nimm den Löffel in die Hand –
mit dem Löffel
schlag den Schlüssel:
Kling
Kling
Kling

Stille Post

Ich sag dir was ins Ohr:
„Der Schlüssel sperrt das Tor."
Sag dem Nachbarn, was du hörst,
doch daß du mir den Sinn nicht störst.
Gewispel und Gelispel
bs bs bs

Dem Nachbarn klingt im Ohr:
„Der Rüssel sperrt das Tor."
Der Nachbar hat sich wohl verhört.
Ein Rüssel, der ein Tor aufsperrt?
Gewispel und Gelispel
bs bs bs

Der dritte Nachbar hört
schon wieder ganz verkehrt.
Dem vierten klingt im Ohr:
„Den Rüssel stört ein Mohr."
Gewispel und Gelispel
bs bs bs

Der fünfte Nachbar denkt:
Der Satz wird eingerenkt.
Mir kommt es richtig vor:
„Ein Wiesel steckt im Rohr."

„Ein Wiesel steckt im Rohr?"
Das gibt doch keinen Sinn!
„Ein Riese singt im Chor",
hört jetzt die Nachbarin.
Gewispel und Gelispel
bs bs bs

So geht die Stille Post
herum im ganzen Kreis.
Gewispel und Gelispel
bis es ein jeder weiß:
Der Schlüssel sperrt des Tor,
der Rüssel kann das auch.
Den Rüssel stört ein Mohr,
ein Wiesel steckt im Rohr,
ein Riese singt im Chor –
Gewispel und Gelispel
ihr kennt das Spiel doch auch?
Gewispel und Gelispel
bs bs bs . . .

Der Kammbläser

Ich brauche einen Kamm –
– danke sehr –
und ein Stück Seidenpapier.
Wie schön man darauf blasen kann,
das zeig ich dir:
Mhhhmmmm mmmm mmmmhmhhhh . . .

Mit einer Faust

Herr Daumen Herr Daumen
stehn Sie bitte auf!

Guten Tag, guten Tag, was wünschen Sie?
Sie sollen den Zeiger wecken!
Der Mittlere soll sich strecken!
Der Ringelmann soll auch aufstehn
und mit dem Kleinen zur Schule gehn!

Der Kleine ist schon wach
und krabbelt den andern nach.

Stachelschweinkrabbelspiel

Da ist ein kleines Stachelschwein,
das zieht jetzt seine Stacheln ein:
eins-zwei-drei-vier-fünf –
dann streckt's die Stacheln wieder aus
und läuft in die weite Welt hinaus –
zu mir?
zu dir?
krabbelt's dort?
oder krabbelt's hier?

Da ist ein kleines Stachelschwein,
das möchte nicht mehr stachlig sein
und rollt sich ein.

(Die Stacheln werden mit Hilfe der Finger dargestellt.)

Alle Elefanten

(nach der Melodie: Alle meine Entlein)

Alle Elefanten
gehen jetzt im Kreis
gehen jetzt im Kreis
sie heben ihre Füße
und trampeln nur ganz leis leis leis
sie heben ihre Füße
und trampeln nur ganz leis.

Alle Elefanten
bleiben plötzlich stehn
bleiben plötzlich stehn
sie wollen am Bananenbaum
die Bananen sehn sehn sehn
sie wollen am Bananenbaum
die Bananen sehn.

Alle Elefanten
heben ihren Kopf
heben ihren Kopf
vorne hängt ein Rüssel
der Rüssel ist kein Zopf Zopf Zopf
vorne hängt ein Rüssel
der Rüssel ist kein Zopf.

Alle Elefanten
wackeln mit dem Schwanz
wackeln mit dem Schwanz
das ist der wunderschöne
Elefantentanz tanz tanz
das ist der wunderschöne
Elefantentanz.

Alle Elefanten
die strecken sich jetzt hoch
die strecken sich jetzt hoch
wie Zirkuselefanten
ein jeder kann das doch doch doch
wie Zirkuselefanten
ein jeder kann das doch.

Alle Elefanten
trompeten jetzt im Nu
trompeten jetzt im Nu
wie Urwaldelefanten
tuhu tuhu tuhu hu hu
wie Urwaldelefanten
tuhu tuhu tuhu.

Alle Elefanten
liegen auf dem Bauch
liegen auf dem Bauch
sie liegen und sie schnarchen
denn müde sind sie auch auch auch
sie liegen und sie schnarchen
denn müde sind sie auch.

Alle Elefanten
stehen wieder auf
stehen wieder auf
und trampeln fröhlich weiter
im Elefantenlauf lauf lauf
und trampeln fröhlich weiter
im Elefantenlauf.

Auf einem Regenbogen

(nach der Melodie: Ein Männlein steht im Walde)

Auf einem Regenbogen
da sitzt ein Wicht
und wer nicht ganz genau schaut
der sieht ihn nicht.

Sag, wer mag der Wichtel sein
der da sitzt ganz wichtelklein
auf einem Regenbogen
so ganz allein.

Er hat aus sieben Farben
ein buntes Kleid
das ist ihm nicht zu eng und
auch nicht zu weit.

Sag, wer mag der Wichtel sein
der da sitzt ganz wichtelklein
auf einem Regenbogen
so ganz allein.

Ich weiß nicht, ist der Wichtel
ganz dünn oder ist er rund?
Vom Kopf bis zu den Füßen
ist er ganz bunt.

Tauch schnell deinen Pinsel ein
mal den Wichtel wichtelklein
dann sitzt er auf dem Zeichenblatt
und ist nicht mehr allein.

Eine Schnurrbartkitzelkatze

*(Nach der Melodie:
Es geht ein Bi-ba-Butzemann)*

Eine Schnurrbartkitzelkatze schleicht um unser Haus,
die sieht ganz wie eine Schnurrbartkitzelkatze aus.
Sie ist so lieb und klei-ei-ein
hol sie doch herei-ei-ein
dann schleckt sie unsern Schnurrbartkitzelkatzenteller aus.

Eine Schnurrbartkitzelkatze sitzt an unserm Tisch,
will ein Stückchen Leber haben und die Milch ganz frisch.
Sie ist so lieb und klu-u-ug
gib ihr nur genu-u-g!
Auch ein großes Stückchen Schnurrbartkitzelkatzenfisch.

Unsere Schnurrbartkitzelkatze ist so lieb und nett
und ihr kleiner Bauch ist schnurrbartkitzelkatzenfett.
Sie geht nie mehr fo-o-ort
an einen andern O-o-ort
und mein Bett ist jetzt ein Schnurrbartkitzelkatzenbett.

Ringe bringen

Heute spielen wir mit den Ringen.
Wer will mir die Ringe bringen?
Rote Ringe blaue Ringe
grüne gelbe weiße Ringe.

Bringst du mir den blauen?
Da werd ich aber schauen!

Komm steck ihn an den langen Stab,
der blaue Ring macht klipp und klapp.

Bringst du mir den roten Ring?
Und ganz flink? – Dankeschön –
Komm steck ihn auf den langen Stab,
der rote Ring macht klipp und klapp.

Bringst du mir den grünen Ring?
Und ganz flink? – Danke schön –
Komm steck ihn an den langen Stab,
der grüne Ring macht klipp und klapp.

(usw. verschiedene Farben; beim letzten Ring:)

Komm steck ihn an den langen Stab!
Ich freu mich, daß ich
sooooo viele rote, blaue, gelbe, grüne
Ringe hab.

Grashüpfers Überstundenlied

Hopp Hopper hopp
Dein Vater hat ein' Dschob
Dein Vater ist noch im Büro
Da ist der Hopper gar nicht froh
Hopp Hopper hopp

Nie Hopper nie
Kommt Vater abends früh
Der Hopper ist schon längst im Bett
Als ob er keinen Vater hätt
Nie Hopper nie

Nie Hopper nie
Sitzt du auf seinem Knie
Wenn Vater heimkommt ist er müd
Und zirpt das Überstundenlied
Nie Hopper nie

Einst Hopper einst
Kommt Vater wenn du weinst
Nimmt dich aufs Knie und ist nicht müd
Und zirpt für dich sein schönstes Lied
Einst Hopper einst

Vierstimmiger Kanon

Was die Uhr sagt:
Dicker – Dackel
Dicker – Dackel
Dicker – Dackel
Dicker – Dackel

Was die Bahn sagt:
munter unterm
munter unterm
munter unterm
munter unterm

Was die Kirchenglocke sagt:
Birn – baum
Birn – baum
Birn – baum
Baum – Baum
Baum

Was die Spatzen sagen:
sitzt er sitzt er
sitzt er sitzt er
sitzt er sitzt er
sitzt er sitzt er

Und was sagen alle zusammen?

Dicker – Dackel	munter unterm	Birn – baum	sitzt er sitzt er
Dicker – Dackel	munter unterm	Birn – baum	sitzt er sitzt er
Dicker – Dackel	munter unterm	Birn – baum	sitzt er sitzt er
Dicker – Dackel	munter unterm	Birn – baum	sitzt er sitzt er
		Baum	

Links vom Mond steht ein kleiner Stern

Ein Gutenachtlied

Erdbeerwind
Wolkenbeet
komm Kind
es ist spät
ein Spatz bringt
den Traumhut.
Gute Nacht
schlaf gut.

Links vom Mond steht ein kleiner Stern

Links vom Mond
steht ein kleiner Stern.
Ich hab ihn gern.
Er steht sehr fern,
aber er leuchtet nur für mich
und heißt Peter
wie ich.

Der Vorhang

Abends, wenn ich schlafen geh,
sag ich gute Nacht
allen, die schon schlafen:
den Bäumen vor dem Fenster,
dem Tisch in der Ecke,
dem Bild an der Wand.
Der Teddybär blinzelt,
dann schläft auch er ein.
Nur der Vorhang am Fenster
kann nicht ruhig sein.
Er regt sich, er bewegt sich,
er weht hin und her,
als ob er gar nicht
schläfrig wär.
Gute Nacht, sag ich, Vorhang,
warum schläfst du noch nicht?

Da macht mir der Vorhang
ein Gesicht.
Er hat vier Nasen
und sieben Zehen,
und drei blaue Hasen
sind plötzlich zu sehen.
Er macht große Augen,
wie Blumen so bunt,
und in einer Falte,
da sitzt ein Hund –
der bellt nur ganz wenig.

Der bunte Vorhang
wird bunter und bunter.
Ein Zwergengarten,
ein Zaubersee,
ein Tannenwäldchen voller Schnee,
eine Wurstfabrik,
die Garage – das Meer –
was weht den Vorhang hin und her –?
Gleich wird mir bang!
Nein, wie er lacht:
Ich bin nur der Vorhang!
Gute Nacht!

Abendstern

Der Abendstern hat lichtblaues Haar,
das langsam dunkelt, und wunderbar
blitzen drin Sterne auf.

Er hat einen Ball aus Silber und Gold,
der langsam über den Himmel rollt.
Das ist der Mond.

Er füttert mit Sonnenheu rosa Schafe,
hat ein schneeweißes Flugzeug und Wölfe (brave)
aus Wolken und Wind.

Bei Nacht sitzt er gerne in dunklen Bäumen.
Dort funkelt er, und die Kinder träumen
was Schönes.

Wenn man nicht schlafen kann

Schlaf schlaf
zähl die Schaf
die schwarzen die weißen
die brav sind und die beißen
die groben die feinen
die großen die kleinen
die kleinen die großen
die Böcklein die stoßen
schlaf schlaf
zähl die Schaf.
Schlaf schlaf
zähl die Schaf
die schwarz und weiß grasen
dort auf dem Rasen
zähl die Bächlein die rinnen
die dicken und dünnen
zähl die dünnen und dicken
und die Schäfer die stricken
schlaf schlaf
zähl die Schaf
Schlaf schlaf
zähl die Schaf

zähl die wackelnden Schwänzlein
zähl die Blüten im Kränzlein
zähl die Wiesen und Berge
zähl die Riesen und Zwerge

die Zwergenmützen
werden dich schützen.
Berge und Wiesen
Zwerge und Riesen
alle Lämmerschwänzchen
und vom Kränzlein die Blüten
lassen dich grüßen
und wollen dich hüten.
Schlaf schlaf
zähl die Schaf.

Und wer jetzt noch nicht schlafen kann,
der fang das Lied von vorne an.

Gespräch mit dem rechten und dem linken großen Zeh

Guten Tag, Herr Zeh!
Was seh ich da?
Sie wackeln ja! Sie wackeln ja!

Guten Tag, Herr Zeh!
Was seh ich da?
Sie wackeln ja! Sie wackeln ja!

Müdsein ist schön

Müdsein ist schön
da kann man schlafen gehn

heut schlaf ich wie ein Winterbär
der liegt ganz still und brummt nicht mehr
brumm brumm brumm

Müdsein ist schön
da kann man schlafen gehn
heut schlaf ich wie die Haselmaus
in ihrem grünen Haselhaus
piep piep piep

Müdsein ist schön
da kann man schlafen gehn
heut schlaf ich wie ein goldner Fisch
damit ich einen Traum erwisch
pst pst pst

Schlaflied

Erst schläft die große Zehe ein,
bald schlafen auch die Knie.
Das Bäuchlein muß sehr müde sein,
es schnarcht ja schon, und wie!
Der kleine Mund geht auch zur Ruh,
die Nase ist so müd,
schon fallen beide Augen zu,
und Mutter singt ein Lied:

Erst schläft die große Zehe ein,
bald schlafen auch die Knie.
Das Bäuchlein muß sehr müde sein,
es schnarcht ja schon, und wie!
Der kleine Mund geht auch zur Ruh,
die Nase ist so müd,
schon fallen beide Augen zu,
und Mutter singt ein Lied.

Schlaf ein als Steinchen

(Für Etheka)

Schlaf, mein Kleinchen,
schlaf wie ein Mäuschen,
schlaf wie ein Schneck
im Schneckenhäuschen,
schlaf wie ein junges Vogelkind,
über dem Mutters Flügel sind.

Schlaf doch, mein Kleinchen,
und weine nicht.
Schau, durch die Tür fällt ein Streifen Licht.
Geht's dir im Kopf herum wie lauter Räderchen?
Schlaf, mein Kleinchen.
Schlaf ein als Steinchen,
wach auf als Federchen.

Der Morgenhahn

Ich bin der Morgenhahn
und sag den Morgen an.
Die Sonne will mich rot und grün bemalen.
Sie setzt sich auf die Bank
ich kämme ihr zum Dank
mit meinem roten Kamm
die Nacht aus ihren morgenroten Strahlen.

Guten Morgen

Guten Morgen, guten Morgen,
die Sonne ist wach,
drei Spatzen sitzen schon auf dem Dach.
Sie zwitschern und tschilpen und freuen sich so,
weil die Sonne scheint.
Komm, steh auf und sei froh!

Alphabetisches Register

Auf Grund wiederholter Nachfrage nach Friedl Hofbauers Gedichten und Liedern aus bereits vergriffenen Büchern wurde der Großteil ihrer Kinderreime hier neu zusammengefaßt.
Die Gedichte wurden ursprünglich in folgenden Büchern abgedruckt:

DIE WIPPSCHAUKEL (Jugend & Volk, 1966)
DER BRUMM-KREISEL (Jugend & Volk, 1969)
IM LANDE SCHNIPITZEL (Jugend & Volk, 1973)
VON ALLERLEI LEUTEN (Annette Betz, 1973)
MIT EINEM KLEINEN BLUMENSTRAUSS (Engelbert-Verlag, 1974)
DAS GOLDENE BUCH DER TIERE (Hoch, 1974)
DER HERBST IST SCHÖN (Jugend & Volk, 1976)
KOMM MIT NACH BLUMENTAL IM FRÜHLING (Jugend & Volk, 1976)
DAS SPATZENBALLETT (Loewes Verlag, 1977)
LINKS VOM MOND STEHT EIN KLEINER STERN (Schroedel, 1977)
DER WASCHTROMMEL-TROMMLER (Herder, 1980)
DER ESEL BOCKEL-NOCKEL (Loewes Verlag, 1983)